Gana Dinero Desde Casa

Allison Evans

Allison Evans

Página de Derechos de Autor

Primera edición

Indice

La Libertad de Vivir Desde Casa

La libertad de vivir desde casa es un concepto que muchos anhelan, pero pocos comprenden realmente hasta que lo experimentan. Se trata de algo más que simplemente trabajar en pijama o evitar el tráfico matutino. Es una transformación completa en la manera en que vives, organizas tu tiempo y percibes el mundo. Vivir desde casa mientras generas ingresos es una puerta hacia un estilo de vida donde tú tienes el control, no tu jefe, ni una oficina, ni un horario que no se adapta a ti.

Imagina despertar cada mañana sin la presión de un reloj despertador que te obliga a salir corriendo. En lugar de un largo trayecto en transporte público o en coche, comienzas tu día con un desayuno tranquilo, tal vez acompañado de un momento para ti: leer, meditar o simplemente disfrutar del silencio. Este pequeño cambio en la rutina tiene un impacto enorme. Te permite empezar el día con calma y en control, algo que casi nunca ocurre cuando dependes de un trabajo tradicional fuera de casa.

La libertad no es solo física, también es mental. Al trabajar desde casa, dejas atrás muchas de las tensiones que conlleva un ambiente de oficina: las reuniones interminables, la política laboral, la supervisión constante. En casa, tú decides cómo organizar tu día. Si quieres trabajar intensamente por la mañana y disfrutar de una tarde libre, lo haces. Si prefieres dividir tus tareas en bloques pequeños para tener pausas frecuentes, también es posible. Este nivel de flexibilidad es impensable para la mayoría de las personas atrapadas en horarios rígidos.

Sin embargo, la verdadera esencia de vivir desde casa no radica únicamente en el trabajo. Se trata de la vida misma. Al no perder horas de tu día en traslados, puedes invertir ese tiempo en lo que realmente importa: pasar más tiempo con tu familia, cuidar tu salud, aprender algo nuevo o incluso desarrollar proyectos personales que siempre dejaste de lado por falta de tiempo. Ganar dinero desde casa no solo es una forma de trabajo, es un estilo de vida que te permite alinear tus ingresos con tus valores y prioridades personales.

Otro aspecto clave de esta libertad es que no estás limitado por una ubicación geográfica. Si un día decides que prefieres trabajar desde una cabaña en el bosque, una playa tranquila o incluso en otro país, puedes hacerlo. Tu oficina no es un lugar físico, sino una conexión a internet y tus habilidades. Este tipo de libertad, que antes era un lujo reservado para unos pocos, ahora es posible para cualquiera que esté dispuesto a adaptarse y aprender.

Por supuesto, la libertad también viene con responsabilidades. Vivir desde casa requiere disciplina. No hay nadie diciéndote qué hacer o cuándo hacerlo. Eres tú quien tiene que establecer tus metas, mantener el enfoque y asegurarte de que tus ingresos fluyan. Pero esta autonomía es lo que hace que todo valga la pena. En lugar de trabajar para cumplir los sueños de otra persona, estás construyendo los tuyos.

Ganar dinero desde casa es más que un cambio en cómo trabajas; es un cambio en cómo vives. Cada día que pasa, te das cuenta de que no necesitas esperar hasta los 60 o 65 años para disfrutar de una "jubilación". Puedes disfrutar de tu vida ahora, mientras generas ingresos y te mantienes productivo. Este estilo de vida no significa trabajar menos, sino trabajar mejor, con propósito y en tus propios términos.

La libertad de vivir desde casa no se trata de escapar de las responsabilidades, sino de asumirlas de manera más inteligente. Se trata de diseñar tu vida de una forma que te haga sentir pleno, libre y en control. Si alguna vez has sentido que el sistema tradicional de trabajo no encaja contigo, esta es tu oportunidad de demostrar que hay otra forma de vivir. Y no solo es posible, es profundamente gratificante.

¿Es Realmente Posible Pensionarse Antes de Tiempo?

Pensionarse antes de tiempo es una idea que suena como un sueño imposible para muchas personas, pero la realidad es que no solo es posible, sino que está al alcance de quienes entienden cómo funciona el dinero y cómo diseñar una vida diferente. La jubilación temprana no significa dejar de trabajar por completo, sino lograr la libertad de elegir si quieres trabajar, cómo hacerlo y para qué. Es un concepto que rompe con la idea tradicional de esperar a los 60 o 65 años para empezar a disfrutar de la vida.

Para entender esto, primero debemos hablar de lo que significa la "pensión". En el sentido clásico, es un ingreso que recibes después de años de trabajo, generalmente de un empleador o del gobierno. Pero en el contexto de jubilarse antes de tiempo, la pensión no proviene de un sistema tradicional, sino de los ingresos que tú mismo generas a través de fuentes independientes. Estas pueden ser inversiones, negocios, trabajos desde casa o ingresos pasivos que te permitan cubrir tus gastos sin depender de un horario fijo o de un lugar específico.

Entonces, ¿cómo es posible alcanzar esta meta? El primer paso es cambiar la forma en que vemos el dinero. Muchas personas pasan su vida trabajando para ganar dinero, pero nunca se detienen a pensar en cómo hacer que ese dinero trabaje para ellas. Este es el secreto. Cuando comienzas a invertir en cosas que generan ingresos, como propiedades, acciones, negocios digitales o incluso tu conocimiento, te estás acercando a la jubilación temprana. Cada dólar que inviertes se convierte en un trabajador silencioso que sigue generando más dinero para ti, incluso cuando no estás trabajando activamente.

Otro aspecto importante es reducir gastos innecesarios. No se trata de vivir como un monje, sino de priorizar lo que realmente importa. Muchas veces, gastamos dinero en cosas que no necesitamos simplemente porque estamos estresados o porque queremos impresionar a los demás. Si eliminas esos gastos y destinas ese dinero a crear fuentes de ingreso, estás construyendo tu camino hacia una vida más libre.

Trabajar desde casa es una de las estrategias más efectivas para avanzar hacia una jubilación anticipada. Este modelo de trabajo elimina costos como los traslados, la ropa de oficina o las comidas fuera de casa. Pero más allá del ahorro, te permite tener tiempo para desarrollar proyectos que generen ingresos adicionales. Por ejemplo, podrías dedicar parte de tu día a aprender sobre inversiones, crear un negocio en línea o vender tus habilidades como freelancer. Este tipo de actividades son el puente que te lleva a la independencia financiera.

Una vez que tus ingresos pasivos cubren tus gastos mensuales, puedes considerarte "jubilado", aunque sigas trabajando en lo que te apasiona. La diferencia es que ya no trabajas por necesidad, sino por elección. Este es el verdadero significado de pensionarse antes de tiempo: tener la libertad de decidir cómo quieres vivir tu vida sin que el dinero sea una preocupación constante.

Por supuesto, no es algo que ocurra de la noche a la mañana. Requiere planificación, esfuerzo y, sobre todo, una mentalidad diferente. Necesitas ser constante, estar dispuesto a aprender y, en algunos casos, asumir riesgos calculados. Pero cada pequeño paso que tomes en esta dirección te acerca más a una vida libre del estrés financiero.

Es importante aclarar que la jubilación temprana no significa que dejarás de ser productivo. Muchas personas que logran este estilo de vida descubren que tienen más energía y creatividad para dedicarse a proyectos que realmente les apasionan. Pueden empezar un negocio propio, ayudar a otros o incluso viajar por el mundo mientras trabajan en algo que les llena de satisfacción. La diferencia es que ya no dependen de un cheque quincenal para sobrevivir.

Así que sí, es posible pensionarse antes de tiempo. No es una fantasía reservada para unos pocos, sino una meta alcanzable para quienes están dispuestos a salir de la mentalidad tradicional. No tienes que esperar décadas para disfrutar de la vida. Con las estrategias adecuadas y un enfoque claro, puedes empezar a construir tu libertad financiera hoy mismo. El camino no siempre será fácil, pero cada paso te llevará hacia una vida donde el tiempo y el dinero trabajan a tu favor, no en tu contra. Y esa, sin duda, es una vida que vale la pena vivir.

La Mentalidad de Independencia Financiera

La mentalidad de independencia financiera es el primer paso para alcanzar la libertad que muchos desean, pero pocos logran. Es mucho más que tener dinero en el banco o ganar un buen sueldo. Es una forma de pensar y actuar que te permite tomar el control de tus finanzas y diseñar una vida que no dependa de un empleo fijo, un jefe o una economía estable. Tener esta mentalidad significa que tú decides cómo generar ingresos, cómo gastarlos y cómo hacer que trabajen para ti, en lugar de ser esclavo del dinero.

El primer cambio que debes hacer en tu mentalidad es dejar de pensar en el dinero como un fin y empezar a verlo como una herramienta. Muchas personas pasan su vida trabajando duro para ganar dinero, pero lo gastan inmediatamente en cosas que no les aportan valor a largo plazo. La mentalidad de independencia financiera te enseña a usar el dinero para construir un sistema que genere más dinero. No se trata de cuánto ganas, sino de cómo utilizas lo que tienes.

Una de las claves de esta mentalidad es entender la diferencia entre activos y pasivos. Los activos son cosas que ponen dinero en tu bolsillo, como inversiones, negocios, propiedades o proyectos que generan ingresos. Los pasivos, en cambio, son cosas que sacan dinero de tu bolsillo, como deudas, gastos innecesarios o bienes que no generan valor. La independencia financiera se logra acumulando activos que trabajen por ti. Esto no significa que debas vivir como un tacaño, pero sí que aprendas a priorizar lo que realmente importa.

Otro aspecto esencial de esta mentalidad es romper con el miedo al riesgo. Muchas personas evitan invertir o iniciar un proyecto por miedo a perder dinero. Pero la realidad es que el verdadero riesgo está en no hacer nada. Si sigues dependiendo de un solo ingreso, como un salario, estás en una situación frágil. El mundo cambia constantemente, y lo que hoy es seguro mañana podría no serlo. La mentalidad de independencia financiera implica aceptar que algunos riesgos son necesarios, siempre y cuando sean calculados y tengas un plan.

La disciplina también juega un papel fundamental. Vivir con independencia financiera no es un golpe de suerte, es el resultado de decisiones consistentes a lo largo del tiempo. Esto significa aprender a decir no a ciertos gastos, mantener un presupuesto y ser constante en tus esfuerzos por generar ingresos adicionales. Muchas veces, las personas que parecen tener libertad financiera simplemente han sido más disciplinadas con su dinero y su tiempo que el resto.

La paciencia es otro pilar de esta mentalidad. A menudo, las recompensas no llegan de inmediato. Crear activos y hacer que generen ingresos requiere tiempo, pero es un proceso acumulativo. Cada pequeña acción que tomes hoy, como ahorrar, invertir o aprender una nueva habilidad, te acerca más a la independencia financiera. Es como plantar un árbol: al principio no ves mucho progreso, pero con el tiempo, los frutos son inevitables.

La independencia financiera también requiere que te rodees de la mentalidad adecuada. Esto significa aprender de personas que ya han logrado lo que tú quieres. Lee libros, escucha podcasts, busca mentores. Evita las opiniones de quienes solo ven problemas y no soluciones. Si constantemente escuchas a personas que dicen que la libertad financiera es imposible, será más difícil creer en ti mismo. Rodéate de ejemplos que te inspiren y te mantengan enfocado.

Por último, tener esta mentalidad implica redefinir lo que significa el éxito para ti. No se trata de tener más dinero que los demás o de comprar cosas para impresionar. Se trata de crear una vida que te haga feliz, donde el dinero no sea una preocupación constante y donde puedas dedicar tu tiempo a lo que realmente importa: tu familia, tus sueños, tu salud y tu bienestar. La independencia financiera no es solo una meta, es una forma de vivir en equilibrio, sin depender de nadie más para tener seguridad y tranquilidad.

Desarrollar esta mentalidad no ocurre de un día para otro, pero cada paso que tomes hacia ella marcará una diferencia. Empieza por aprender, por cambiar tus hábitos y por tomar decisiones conscientes sobre cómo usas tu tiempo y tu dinero. Poco a poco, te darás cuenta de que no necesitas seguir el camino tradicional para vivir la vida que deseas. La libertad financiera comienza en tu mente, y todo lo demás sigue después.

Tu Oficina, Tu Mundo

Tu oficina, tu mundo, es más que una frase bonita. Es una idea que transforma la manera en que trabajas y vives. Cuando trabajas desde casa, tienes el poder de crear un espacio que no solo sea funcional, sino que refleje quién eres y lo que quieres lograr. Ya no estás limitado por cubículos grises ni escritorios impersonales. Tu oficina puede ser un lugar que te inspire, te motive y, lo más importante, te haga sentir cómodo.

El primer paso para construir tu mundo en casa es entender que tu oficina es mucho más que una mesa y una silla. Es el lugar donde sucederán tus sueños. Por eso, debes diseñarla con intención. Piensa en qué te hace sentir bien. Tal vez sea una ventana con una vista agradable, unas plantas que le den vida al espacio o simplemente un escritorio limpio y organizado. Este no es solo un lugar para trabajar, es el corazón de tu productividad.

Algo importante es elegir un lugar en tu casa que sea exclusivamente para trabajar. No tiene que ser una habitación entera; puede ser un rincón en la sala o una mesa en tu dormitorio. Lo importante es que sea tuyo y que lo asocies con tu actividad profesional. Cuando tienes un espacio definido, es más fácil concentrarte y separar el trabajo del resto de tu vida. Esto también ayuda a que las personas con las que vives entiendan que, cuando estás en tu oficina, estás en "modo trabajo".

La comodidad es clave. Pasarás muchas horas en tu oficina, así que invierte en una buena silla que cuide tu postura y un escritorio que tenga el tamaño adecuado para tus necesidades. Si trabajas con una computadora, asegúrate de que esté a la altura correcta para evitar dolores de cuello o espalda. Estos detalles pueden parecer pequeños, pero marcan una gran diferencia en tu energía y productividad a lo largo del día.

La luz es otro aspecto que no debes pasar por alto. Una oficina bien iluminada no solo mejora tu ánimo, sino también tu eficiencia. Si es posible, coloca tu escritorio cerca de una ventana para aprovechar la luz natural. Si no tienes esa opción, invierte en una lámpara que ilumine bien tu espacio de trabajo. Una luz cálida y agradable puede hacer que largas horas frente a la pantalla sean mucho más llevaderas.

Además, tu oficina debe reflejar tu personalidad. Aquí es donde entra la magia de hacerla tu mundo. Decora tu espacio con cosas que te inspiren: fotos de momentos felices, una frase motivadora, tus libros favoritos o incluso pequeñas cosas que te hagan sonreír. Este es tu territorio, y debes sentirte feliz al estar allí. Pero recuerda, no sobrecargues el espacio. Un ambiente limpio y ordenado siempre será más productivo que uno lleno de distracciones.

La tecnología también juega un papel importante. Asegúrate de tener una conexión a internet confiable, dispositivos que funcionen bien y todo lo que necesites para hacer tu trabajo sin interrupciones. Nada frena más la productividad que estar lidiando constantemente con problemas técnicos. Si necesitas herramientas específicas, como software o equipos adicionales, considéralo una inversión en tu éxito. Este es tu negocio y tu futuro.

Además, es importante establecer límites. Tu oficina puede estar en casa, pero eso no significa que siempre estés disponible. Define horarios de trabajo claros y cúmplelos. Informa a tu familia o compañeros de casa sobre esos horarios para que respeten tu espacio y tiempo. Aprender a desconectarte cuando termina tu jornada es fundamental para mantener el equilibrio entre tu vida personal y profesional.

Por último, recuerda que tu oficina no tiene que ser un lugar estático. Si algún día te sientes aburrido o necesitas un cambio, puedes reorganizar los muebles, cambiar la decoración o incluso mover tu espacio de trabajo a otra parte de la casa. La flexibilidad es una de las mayores ventajas de trabajar desde casa, y tu oficina puede adaptarse a tus necesidades y emociones.

Tu oficina, tu mundo, es exactamente eso: tu espacio para crear, crecer y alcanzar tus metas. No importa si es grande o pequeña, lo importante es que sea un lugar que te ayude a dar lo mejor de ti. Dedica tiempo y cuidado a diseñarla, porque aquí es donde construirás la vida que siempre has soñado. Cuando tu oficina está en armonía contigo, trabajar desde casa deja de ser una obligación y se convierte en una experiencia que disfrutas cada día.

Hábitos de Éxito para Trabajar Desde Casa

Trabajar desde casa puede ser una experiencia increíblemente gratificante, pero también tiene sus desafíos. Uno de los más grandes es mantener un nivel constante de productividad y motivación. Sin las estructuras tradicionales de una oficina, como horarios fijos, supervisores y colegas alrededor, es fácil caer en la procrastinación o sentirse desconectado. Por eso, desarrollar hábitos de éxito es fundamental para lograr tus metas y disfrutar de este estilo de vida.

El primer hábito clave es establecer una rutina diaria. Aunque estés en casa, necesitas un horario claro para comenzar y terminar tu jornada laboral. Despertarte a la misma hora todos los días, vestirte como si fueras a salir y planificar tus tareas son pasos que te ayudan a entrar en el modo trabajo. No tienes que usar ropa formal, pero evitar quedarte en pijama hace una gran diferencia en tu actitud. Una rutina estable te da estructura y evita que pierdas tiempo decidiendo qué hacer a continuación.

Otro hábito importante es organizar tu día antes de empezar. Dedica unos minutos, ya sea la noche anterior o al inicio de la mañana, a hacer una lista de las tareas que necesitas completar. Ordénalas por prioridad y enfócate primero en las más importantes. Esto evita que te sientas abrumado y te ayuda a mantener el enfoque. Además, tachar tareas de la lista te dará una sensación de logro que te motivará a seguir adelante.

Establecer límites es esencial cuando trabajas desde casa. A menudo, amigos, familiares o compañeros de casa pueden pensar que, porque estás en casa, estás disponible para charlar o hacer mandados. Aprende a decir no y a comunicar tus horarios de trabajo claramente. Crear un espacio físico dedicado a trabajar también ayuda. Cuando estás en tu escritorio, es tu zona de trabajo, y cuando sales de allí, puedes relajarte. Estos límites no solo son para los demás, también son para ti. Respeta tus propios horarios y evita trabajar fuera de las horas que te has establecido.

El siguiente hábito tiene que ver con cuidar tu bienestar físico. Cuando trabajas desde casa, es fácil pasar horas sentado frente a una pantalla sin darte cuenta de que no te has movido. Programa pausas regulares para estirarte, caminar un poco o simplemente descansar la vista. Esto no solo te ayuda a sentirte mejor físicamente, sino que también mejora tu concentración. También asegúrate de comer de manera saludable y mantenerse hidratado. Evitar snacks constantes y optar por comidas balanceadas mantendrá tu energía estable durante el día.

La gestión del tiempo es otro pilar fundamental. Trabajar desde casa te da mucha libertad, pero eso también significa que necesitas ser disciplinado. Usa técnicas como el método Pomodoro, donde trabajas durante 25 minutos enfocado en una tarea y luego tomas un breve descanso. Estas estrategias te ayudan a mantener la productividad sin agotarte. También evita distracciones comunes, como las redes sociales o la televisión, durante tus horas de trabajo. Si necesitas, usa herramientas o aplicaciones que bloqueen temporalmente las páginas web que te distraen.

Un hábito que muchas personas pasan por alto es dedicar tiempo al aprendizaje continuo. Trabajar desde casa te da la flexibilidad para invertir en tu desarrollo personal y profesional. Puedes tomar cursos en línea, leer libros relacionados con tu campo o aprender nuevas habilidades que te ayuden a diversificar tus ingresos. Hacer esto no solo te hace más competente, sino que también mantiene tu mente activa y motivada.

Mantener la conexión con otras personas es otro hábito crucial. Trabajar desde casa puede ser solitario si no haces un esfuerzo por relacionarte con colegas, amigos o incluso otras personas que también trabajan de forma remota. Participa en comunidades en línea, asiste a reuniones virtuales o simplemente organiza llamadas regulares con tus contactos profesionales. Estas interacciones te ayudan a mantenerte inspirado y te dan nuevas perspectivas para enfrentar desafíos.

Finalmente, uno de los hábitos más importantes es celebrar tus logros. Cuando trabajas desde casa, es fácil olvidarte de reconocer tus propios éxitos porque no tienes a un jefe o colegas que lo hagan por ti. Tómate el tiempo para reflexionar sobre lo que has logrado al final de cada día o semana. Reconocer tus avances, por pequeños que sean, te da la motivación necesaria para seguir adelante.

Desarrollar estos hábitos no ocurre de la noche a la mañana. Requiere práctica, ajustes y compromiso. Pero una vez que los integras en tu vida, trabajar desde casa se convierte en una experiencia más productiva, equilibrada y satisfactoria. Estos hábitos no solo mejoran tu desempeño laboral, sino que también te ayudan a construir una vida que disfrutes plenamente. Trabajar desde casa no es solo una forma de ganarte la vida, es una oportunidad para diseñar tu propio éxito.

La Trampa de la Zona de Confort

La trampa de la zona de confort es uno de los mayores obstáculos que enfrentarás al trabajar desde casa. Es esa sensación de seguridad que viene de hacer lo que ya conoces, de mantener las cosas fáciles y cómodas. Al principio, parece algo positivo. Después de todo, ¿quién no quiere sentirse seguro y relajado? Pero aquí está el problema: la zona de confort no te lleva a crecer, y cuando te quedas atrapado en ella, te estancas.

Cuando trabajas desde casa, es muy fácil caer en esta trampa. Tienes tu espacio, tus rutinas, y nadie te está presionando directamente para que hagas más. Sin embargo, si te acomodas demasiado, empiezas a limitar tu potencial. Tal vez decides no aprender esa nueva habilidad porque piensas que no la necesitas ahora. O quizás te quedas con los mismos clientes o proyectos porque cambiar parece complicado. Al principio parece una decisión lógica, pero con el tiempo, te das cuenta de que estás perdiendo oportunidades.

La zona de confort no es solo un lugar físico, también es mental. Es cuando te dices cosas como "esto está bien por ahora", "no necesito esforzarme tanto" o "esto es suficiente para mí". Aunque esas frases parecen inofensivas, en realidad son barreras que te impiden avanzar. Trabajar desde casa te da la libertad de controlar tu vida, pero también te pone en una posición donde tú eres responsable de empujarte hacia adelante. Nadie más lo hará por ti.

Salir de la zona de confort no es fácil, pero es necesario. El primer paso es reconocer que estás en ella. Pregúntate si las decisiones que estás tomando son por comodidad o por verdadero interés en avanzar. Si eliges lo fácil todo el tiempo, es una señal de que necesitas un cambio. Una vez que lo reconoces, empieza a tomar pequeños pasos hacia lo desconocido. No necesitas hacer algo enorme de inmediato, pero sí debes moverte en la dirección correcta.

Por ejemplo, si sientes que ya dominas tu trabajo actual, intenta aprender algo nuevo que te dé más herramientas. Si te da miedo buscar clientes más grandes o diferentes, comienza investigando qué necesitan y cómo podrías ayudarlos. Si te cuesta salir de tus rutinas, cambia algo pequeño, como trabajar en un lugar diferente o reorganizar tu horario. Lo importante es que te desafíes constantemente, aunque sea en cosas pequeñas. Cada vez que lo haces, amplías tu zona de confort y te conviertes en una versión más fuerte y capaz de ti mismo.

Otro aspecto importante de salir de la zona de confort es aceptar el fracaso como parte del proceso. Cuando haces algo nuevo, no siempre va a salir bien. Pero esto no es algo malo. De hecho, los errores son una de las mejores formas de aprender. Cada vez que fallas, estás un paso más cerca de encontrar la manera correcta de hacerlo. Trabajar desde casa te da el espacio para experimentar sin la presión de un jefe o un ambiente de oficina, así que úsalo a tu favor.

Un truco para evitar caer en la trampa de la zona de confort es rodearte de personas que te inspiren. Busca a otros que trabajen desde casa y que estén logrando cosas increíbles. Hablar con ellos, escuchar sus historias y aprender de sus experiencias puede motivarte a intentar algo nuevo. También puedes leer libros, escuchar podcasts o seguir a personas que te empujen a salir de tu rutina. La energía de los demás es contagiosa, y rodearte de personas que piensan en grande te ayudará a hacerlo tú también.

Finalmente, recuerda que la zona de confort no es un lugar que debas evitar por completo. A veces, necesitas un descanso, y está bien disfrutar de la tranquilidad que ofrece. Pero no puedes quedarte allí demasiado tiempo. La vida se trata de crecimiento, y el crecimiento siempre sucede fuera de esa zona. Cada vez que te atreves a salir de ella, te estás acercando más a tus metas y a la vida que realmente deseas.

La trampa de la zona de confort es cómoda, pero también es peligrosa. Te roba el tiempo, las oportunidades y, a menudo, los sueños. Si decides no hacer nada, pasarán los días, los meses y los años, y te encontrarás en el mismo lugar, preguntándote qué podría haber sido. En cambio, si te atreves a salir, aunque sea un poco cada día, descubrirás un mundo lleno de posibilidades. Trabajar desde casa es la oportunidad perfecta para diseñar tu vida, pero para hacerlo, necesitas superar esa comodidad y aventurarte a lo desconocido. Ahí es donde realmente comienza la magia.

La Paciencia del Éxito Desde Casa

La paciencia del éxito desde casa es una de las lecciones más importantes que debes aprender si quieres construir una vida trabajando por tu cuenta. Cuando empiezas a trabajar desde casa, puede ser fácil imaginar que el éxito llegará rápidamente. Tal vez piensas que en unas semanas tendrás un flujo constante de ingresos o que todo se acomodará de inmediato. Sin embargo, la realidad es que el éxito, especialmente cuando trabajas desde casa, requiere tiempo, esfuerzo y, sobre todo, paciencia.

Al principio, puede que las cosas no salgan como esperabas. Tal vez te cuesta encontrar clientes, te sientes perdido organizando tu día o los ingresos no son tan altos como imaginabas. Este es un momento crucial, porque muchas personas, al no ver resultados rápidos, se desmotivan y abandonan. Pero aquí es donde la paciencia juega un papel fundamental. Entender que los grandes logros toman tiempo te ayudará a superar esta etapa inicial.

Cuando trabajas desde casa, estás construyendo algo desde cero. Puede ser un negocio, una carrera freelance o cualquier otra forma de generar ingresos. Esto no es como un empleo tradicional donde recibes un salario fijo al final del mes. Aquí, los resultados dependen directamente de tu esfuerzo y de las estrategias que implementes. Y como todo lo que vale la pena en la vida, este proceso lleva tiempo. Es como plantar una semilla. Al principio, no ves nada. Tienes que regarla, cuidarla y esperar. Pero con paciencia, esa semilla se convierte en un árbol fuerte y productivo.

La paciencia también implica aprender a manejar la incertidumbre. Cuando trabajas desde casa, no siempre sabes exactamente cuándo llegarán los resultados. Tal vez un mes sea excelente y al siguiente enfrentes algunos desafíos. Esto es completamente normal. En lugar de desanimarte, utiliza estos momentos para aprender y ajustar tu enfoque. Cada desafío es una oportunidad para crecer y mejorar, pero necesitas paciencia para ver las lecciones en medio de las dificultades.

Otro aspecto importante de la paciencia es evitar compararte con los demás. Es fácil mirar a alguien más que trabaja desde casa y pensar que lo tienen todo resuelto. Tal vez parecen ganar más dinero o tener más éxito, pero lo que no ves es todo el trabajo y los años que probablemente les tomó llegar ahí. Cada persona tiene su propio camino y su propio ritmo. Compararte con otros solo te hará sentir frustrado y desviar tu atención de lo que realmente importa: tu progreso personal.

Tener paciencia también significa celebrar los pequeños logros. A menudo, estamos tan enfocados en alcanzar nuestras metas grandes que olvidamos reconocer las pequeñas victorias en el camino. Tal vez conseguiste tu primer cliente, aprendiste una nueva habilidad o simplemente lograste organizar mejor tu tiempo. Estas cosas, aunque parezcan pequeñas, son pasos importantes hacia el éxito. Reconocerlas no solo te motiva, sino que también te recuerda que estás avanzando.

La paciencia no es pasividad. No se trata de sentarte a esperar que las cosas sucedan por sí solas. Se trata de seguir trabajando, aprendiendo y esforzándote, incluso cuando los resultados no llegan tan rápido como quisieras. Es confiar en que, si haces lo correcto y mantienes el enfoque, el éxito eventualmente llegará. Es un equilibrio entre acción y espera, entre perseverancia y calma.

Para desarrollar la paciencia, es útil establecer expectativas realistas. Si esperas resultados inmediatos, es más probable que te sientas frustrado. En cambio, entiende que este es un proceso a largo plazo. Crea metas a corto, mediano y largo plazo, y trabaja en ellas poco a poco. Tener un plan claro te ayudará a mantenerte enfocado y a recordar que cada paso cuenta, incluso si parece pequeño en el momento.

También es importante cuidar tu bienestar emocional durante este proceso. La paciencia puede ser difícil cuando te sientes ansioso o presionado. Practicar actividades como la meditación, el ejercicio o simplemente tomarte un descanso cuando lo necesitas puede ayudarte a mantener la calma. Cuando estás emocionalmente equilibrado, es más fácil ser paciente y enfrentar los desafíos con una actitud positiva.

Recuerda que trabajar desde casa es una oportunidad increíble, pero también es una responsabilidad. Eres el dueño de tu tiempo y de tu éxito. La paciencia no solo te ayuda a soportar las dificultades, sino que también te permite disfrutar del viaje. Porque eso es lo que realmente importa: no solo alcanzar tus metas, sino también crecer y aprender en el proceso.

La paciencia del éxito desde casa es como un músculo que debes entrenar. No se desarrolla de la noche a la mañana, pero con práctica y determinación, se convierte en una de tus mayores fortalezas. Al final, te darás cuenta de que todo el esfuerzo valió la pena. Trabajar desde casa no es solo una forma de ganarte la vida, es un camino hacia una vida más libre, más significativa y más alineada con tus sueños. Y para llegar allí, la paciencia será tu mejor aliada.

Clave para el Éxito

La clave para el éxito cuando trabajas desde casa no es un secreto mágico ni un talento especial reservado solo para unos pocos. Es el resultado de una combinación de factores que, cuando se aplican con constancia, llevan a resultados impresionantes. Lo mejor de todo es que cualquier persona puede aprenderlos y ponerlos en práctica, siempre y cuando esté dispuesta a comprometerse con el proceso.

El primer elemento de esta clave es la disciplina. Trabajar desde casa puede parecer una idea ideal, pero también tiene sus retos. Sin la estructura de una oficina tradicional, tú eres quien define tus horarios, tus metas y tu ritmo. Esto puede ser liberador, pero también puede convertirse en un problema si no tienes disciplina. Significa levantarte a tiempo, trabajar las horas necesarias y resistir las distracciones. La tentación de posponer las tareas o de perder tiempo navegando por internet siempre está ahí, pero la disciplina te ayuda a mantenerte enfocado en lo que importa.

Otro componente esencial es la planificación. El éxito no ocurre por casualidad; es el resultado de una buena organización. Antes de empezar tu jornada, toma unos minutos para planificar tu día. Haz una lista de tareas prioritarias y establece metas claras. Esto no solo te ayuda a mantener el enfoque, sino que también te da un sentido de propósito. Cuando sabes exactamente lo que tienes que hacer, es más fácil avanzar con confianza y sin perder tiempo en decisiones innecesarias.

La capacidad de adaptarte es otro factor crucial. Trabajar desde casa implica un entorno en constante cambio. Puede que un día tengas mucho trabajo y al siguiente apenas nada. Tal vez una estrategia que funcionó en el pasado ya no sea efectiva. La clave está en mantenerte flexible y estar dispuesto a probar cosas nuevas. Aprende a ver los cambios como oportunidades para mejorar, no como obstáculos. La adaptabilidad te permitirá seguir avanzando incluso cuando las cosas no salgan como esperabas.

La perseverancia es indispensable. El éxito desde casa no ocurre de la noche a la mañana. Habrá días buenos y días difíciles, momentos en los que todo parece ir en tu contra. Pero aquí es donde muchas personas se quedan atrás: se rinden demasiado pronto. La perseverancia significa seguir adelante incluso cuando los resultados no son inmediatos. Es tener la paciencia de esperar y el coraje de intentarlo una y otra vez. Si sigues trabajando, aprendiendo y ajustando tu enfoque, eventualmente los resultados llegarán.

Otro ingrediente de la clave para el éxito es la mentalidad de aprendizaje constante. El mundo está en constante evolución, y trabajar desde casa no es una excepción. Las herramientas, las tendencias y las estrategias cambian, y necesitas estar dispuesto a aprender y mejorar continuamente. Esto puede significar tomar cursos, leer libros, asistir a seminarios o simplemente dedicar tiempo a investigar y experimentar. Cuanto más aprendas, más preparado estarás para enfrentar los retos y aprovechar las oportunidades.

La gestión del tiempo es igualmente importante. Cuando trabajas desde casa, el tiempo es tu recurso más valioso. Aprender a administrarlo correctamente puede marcar la diferencia entre el éxito y el fracaso. Esto significa identificar tus horas más productivas y dedicar ese tiempo a tus tareas más importantes. También implica aprender a decir no a las cosas que no contribuyen a tus metas, como reuniones innecesarias o compromisos sociales que interfieren con tu trabajo.

La confianza en ti mismo también es una pieza clave. Trabajar desde casa puede ser solitario, y a veces puedes dudar de tus habilidades o decisiones. Sin embargo, es importante recordar que el éxito empieza en tu mente. Confía en que tienes lo necesario para lograrlo y en que cada paso que das, por pequeño que sea, te acerca a tus metas. La confianza no significa que nunca fallarás, sino que sabrás levantarte cada vez que lo hagas.

Finalmente, el equilibrio es fundamental. Trabajar desde casa puede hacer que el trabajo y la vida personal se mezclen fácilmente, lo que puede llevar al agotamiento. Es importante establecer límites claros y reservar tiempo para ti mismo y para las personas que amas. El éxito no se trata solo de ganar dinero, sino también de disfrutar de la vida que estás creando.

En resumen, la clave para el éxito desde casa no es un solo elemento, sino una combinación de disciplina, planificación, adaptabilidad, perseverancia, aprendizaje constante, gestión del tiempo, confianza en ti mismo y equilibrio. Si te comprometes a aplicar estos principios, estarás construyendo una base sólida para alcanzar tus metas. Y lo más emocionante es que cada día es una nueva oportunidad para mejorar, crecer y acercarte a la vida que realmente deseas. El camino no siempre será fácil, pero sin duda valdrá la pena.

El Poder del Marketing Digital

El poder del marketing digital es algo que no puedes ignorar si quieres tener éxito trabajando desde casa. Es una herramienta poderosa que te permite llegar a miles, incluso millones de personas, sin necesidad de moverte de tu lugar de trabajo. En el pasado, promocionar un producto o servicio requería grandes inversiones en anuncios impresos, televisión o radio. Hoy, gracias al internet, cualquier persona con un dispositivo conectado puede mostrar su oferta al mundo entero, y eso cambia las reglas del juego.

El marketing digital se trata de aprovechar plataformas como redes sociales, motores de búsqueda, correo electrónico y sitios web para conectarte con tu audiencia. Lo primero que necesitas entender es que no solo se trata de vender, sino de construir relaciones. Las personas no compran productos o servicios, compran soluciones a sus problemas, y eso es lo que debes ofrecer. Al usar el marketing digital, tu meta principal debe ser mostrar cómo lo que ofreces puede mejorar la vida de las personas.

Uno de los aspectos más fascinantes del marketing digital es la segmentación. En lugar de gastar dinero tratando de llegar a todos, puedes enfocar tus esfuerzos en las personas que realmente están interesadas en lo que haces. Por ejemplo, si trabajas desde casa ofreciendo asesorías, puedes dirigir tus anuncios a personas que están buscando soluciones específicas en tu área. Esto no solo aumenta tus probabilidades de éxito, sino que también hace que tu inversión sea más eficiente.

Para empezar con el marketing digital, lo primero que necesitas es una presencia en línea sólida. Esto incluye tener un sitio web profesional y perfiles activos en redes sociales relevantes para tu público. Piensa en tu sitio web como tu hogar digital, un lugar donde las personas puedan conocerte, entender lo que haces y, lo más importante, confiar en ti. Asegúrate de que tu sitio sea fácil de navegar, tenga información clara y, si es posible, incluye testimonios o casos de éxito que respalden lo que ofreces.

Las redes sociales son otra herramienta clave del marketing digital. Plataformas como Facebook, Instagram, LinkedIn y TikTok tienen millones de usuarios activos diariamente, lo que significa que tu audiencia está allí. Pero no todas las redes sociales son iguales, y no necesitas estar en todas. Es mejor elegir una o dos plataformas que sean más relevantes para tu público objetivo y concentrarte en crear contenido valioso y consistente. Publica consejos, historias, datos interesantes o cualquier cosa que conecte con tu audiencia y demuestre tu experiencia.

El contenido es el corazón del marketing digital. Cuando creas contenido útil, informativo o entretenido, atraes la atención de las personas de manera natural. Esto puede incluir artículos en tu blog, videos, podcasts o incluso publicaciones simples en redes sociales. La clave es ser auténtico y ofrecer valor. Piensa en las preguntas que tu audiencia podría tener y responde esas preguntas a través de tu contenido. Esto no solo te posiciona como un experto, sino que también genera confianza.

El marketing por correo electrónico es otra estrategia que no debes pasar por alto. A pesar de ser una de las herramientas más antiguas del marketing digital, sigue siendo increíblemente efectiva. Una lista de correos electrónicos te permite comunicarte directamente con las personas que están interesadas en lo que haces. Puedes enviarles actualizaciones, ofertas especiales, consejos o cualquier otra información que les sea útil. Lo mejor de todo es que tienes el control total de esta lista, a diferencia de las redes sociales, donde los algoritmos pueden limitar quién ve tus publicaciones.

El marketing digital también incluye el uso de anuncios pagados. Herramientas como Google Ads o los anuncios en redes sociales te permiten promover tu negocio a un costo relativamente bajo. Lo mejor de los anuncios digitales es que puedes medir su efectividad en tiempo real. Sabes exactamente cuántas personas hicieron clic en tu anuncio, visitaron tu sitio o compraron tu producto. Esto te permite ajustar tus estrategias y asegurarte de que estás invirtiendo tu dinero de manera inteligente.

Sin embargo, no todo en el marketing digital se trata de herramientas y estrategias. También se trata de entender a las personas. Conoce a tu audiencia. Escucha sus necesidades, sus problemas y sus deseos. Responde sus preguntas y preocúpate genuinamente por ayudarlas. Cuando las personas sienten que te importan, es más probable que confíen en ti y, eventualmente, compren lo que ofreces.

Otro aspecto crucial del marketing digital es la consistencia. No esperes resultados de la noche a la mañana. Construir una presencia en línea y una audiencia fiel lleva tiempo. Es posible que publiques durante semanas o meses antes de ver resultados significativos. Pero si te mantienes constante, creando contenido de calidad y conectando con tu audiencia, los resultados llegarán.

Por último, no temas experimentar. El marketing digital está en constante evolución, y lo que funciona hoy puede no funcionar mañana. Prueba diferentes estrategias, mide tus resultados y ajusta según sea necesario. La flexibilidad es una de las mayores ventajas de esta forma de marketing, y debes aprovecharla al máximo.

El poder del marketing digital es inmenso, pero requiere compromiso, creatividad y paciencia. Si lo haces bien, puede ser el puente que conecta tu negocio desde casa con el éxito. Es una herramienta que te permite competir con grandes empresas y llegar a personas que realmente valoran lo que ofreces, todo desde la comodidad de tu hogar.

Construye un Negocio con Ingresos Pasivos

Construir un negocio con ingresos pasivos es una de las mejores maneras de ganar dinero desde casa y alcanzar la libertad financiera. Pero, ¿qué significa realmente tener ingresos pasivos? Básicamente, se trata de crear sistemas o productos que generen ingresos constantes con poco o ningún esfuerzo continuo de tu parte. Esto no significa que no tengas que trabajar. Al principio, construir este tipo de negocio requiere tiempo, esfuerzo y mucha dedicación. Sin embargo, una vez que lo has establecido, el trabajo necesario para mantenerlo puede ser mínimo, permitiéndote disfrutar de tu tiempo mientras el dinero sigue entrando.

El primer paso para construir un negocio con ingresos pasivos es identificar algo que pueda funcionar sin que tengas que estar presente todo el tiempo. Por ejemplo, productos digitales como libros electrónicos, cursos en línea o música son excelentes opciones. Una vez que creas un libro o un curso, puedes venderlo una y otra vez sin necesidad de volver a crearlo. De igual manera, si tienes habilidades creativas, podrías diseñar plantillas, ilustraciones o contenido descargable y venderlo en plataformas específicas.

Otro ejemplo son las plataformas de afiliados. Si tienes un blog, canal de YouTube o una página en redes sociales con una audiencia considerable, puedes recomendar productos o servicios y ganar una comisión por cada venta que se realice a través de tus enlaces. Esto funciona especialmente bien si te enfocas en un nicho donde tengas experiencia y puedas generar confianza con tus seguidores.

Los ingresos pasivos también pueden provenir de bienes físicos, aunque suelen requerir un poco más de inversión inicial. Por ejemplo, si tienes espacio, podrías alquilar habitaciones a través de plataformas en línea o incluso invertir en propiedades para alquiler a largo plazo. En este caso, aunque hay un mantenimiento asociado, los ingresos que puedes generar a largo plazo justifican el esfuerzo.

Una estrategia común en el mundo de los ingresos pasivos es invertir en acciones o fondos que paguen dividendos. Aquí, en lugar de construir un producto o servicio, pones tu dinero a trabajar por ti. Con el tiempo, las ganancias de tus inversiones pueden convertirse en un flujo constante de ingresos que complementen lo que ganas con otras actividades. Sin embargo, esta opción requiere una buena planificación financiera y paciencia para dejar que tus inversiones crezcan.

Es importante recordar que, aunque los ingresos pasivos pueden sonar como la solución perfecta, construirlos no es algo que sucede de la noche a la mañana. Necesitas una mentalidad de largo plazo. El éxito en este tipo de negocios viene con consistencia, planificación y estar dispuesto a aprender. Al principio, es probable que tengas que invertir horas desarrollando tu producto, creando contenido o aprendiendo cómo promocionarlo. Pero si haces un buen trabajo, esos esfuerzos iniciales se multiplicarán con el tiempo.

Además de construir un producto o servicio, el marketing juega un papel fundamental en los ingresos pasivos. No basta con tener algo bueno, también necesitas asegurarte de que las personas correctas lo encuentren. Por eso es importante aprender a usar herramientas como anuncios en redes sociales, optimización para motores de búsqueda y marketing por correo electrónico. Estas estrategias no solo atraerán clientes, sino que también pueden automatizarse para que trabajen incluso mientras tú estás durmiendo.

Una gran ventaja de los ingresos pasivos es que te permiten diversificar tus fuentes de ingresos. No necesitas limitarte a una sola idea. Por ejemplo, puedes tener un curso en línea, productos afiliados en tu blog y una propiedad en alquiler al mismo tiempo. De esta manera, si una fuente tiene un mal mes, las otras pueden equilibrar tus ganancias. La diversificación es clave para tener estabilidad y tranquilidad financiera a largo plazo.

Es crucial también gestionar tus expectativas. A veces, los ingresos pasivos no son completamente pasivos. Hay momentos en los que necesitarás revisar, actualizar o mejorar tu sistema. Por ejemplo, si creaste un curso en línea, puede que necesites agregar contenido nuevo para mantenerlo relevante. Si tienes un blog, es probable que tengas que seguir publicando contenido para atraer tráfico. Esto no significa que el sistema no funcione, simplemente es parte del proceso.

Por último, construir un negocio con ingresos pasivos requiere una visión clara de lo que quieres lograr. Pregúntate por qué estás haciendo esto. ¿Quieres más tiempo para tu familia? ¿Deseas viajar sin preocupaciones financieras? ¿O simplemente quieres la tranquilidad de saber que tu futuro económico está asegurado? Tener un propósito claro te ayudará a mantenerte enfocado y motivado, incluso cuando encuentres desafíos en el camino.

Construir un negocio con ingresos pasivos es una inversión en tu futuro. Es la manera de liberarte de la idea de cambiar tu tiempo por dinero y empezar a crear una vida donde el dinero trabaje para ti. No es un camino fácil, pero es un camino lleno de oportunidades y recompensas. Con paciencia, dedicación y una estrategia sólida, puedes construir un negocio que no solo genere ingresos constantes, sino que también te permita vivir la vida que siempre has soñado.

Monetiza Tus Talentos y Pasiones

Monetizar tus talentos y pasiones es una de las formas más gratificantes de ganar dinero desde casa. No solo te permite generar ingresos, sino que también te da la oportunidad de trabajar en algo que realmente disfrutas y que te llena de satisfacción. La idea de convertir aquello que amas en tu fuente de ingresos puede parecer un sueño, pero con enfoque y una estrategia clara, es completamente posible.

El primer paso es identificar tus talentos y pasiones. Pregúntate qué te gusta hacer y en qué eres bueno. Puede ser algo tan creativo como pintar, escribir o cocinar, o algo más técnico como resolver problemas de matemáticas, programar o reparar objetos. Tal vez tienes un conocimiento especializado en un área que otras personas valoran, o eres bueno escuchando y dando consejos. Todo esto tiene potencial para convertirse en una fuente de ingresos si sabes cómo presentarlo al mundo.

Una vez que tengas claro cuál es tu talento o pasión, es importante considerar cómo puedes resolver un problema o satisfacer una necesidad con ello. Las personas están dispuestas a pagar por cosas que les faciliten la vida, que les enseñen algo nuevo o que les brinden entretenimiento. Por ejemplo, si amas cocinar, puedes crear videos de recetas, ofrecer clases de cocina en línea o incluso escribir un libro de recetas. Si te encanta el diseño gráfico, podrías ofrecer servicios de creación de logotipos o vender tus diseños como productos descargables.

La clave para monetizar tus talentos está en ofrecer algo único. No se trata solo de hacer lo que te gusta, sino de hacerlo de una manera que se destaque. Por ejemplo, si te apasiona la fotografía, piensa en cómo puedes diferenciarte. Tal vez podrías especializarte en fotografías de productos para tiendas en línea o en imágenes para redes sociales. Si amas la escritura, podrías enfocarte en crear contenido atractivo para blogs o en escribir historias personalizadas para ocasiones especiales. La originalidad es lo que hará que las personas te elijan a ti sobre otras opciones.

Otro aspecto importante es aprender a valorar tu trabajo. Muchas veces, cuando algo nos gusta, tendemos a subestimarlo o pensar que no es lo suficientemente bueno para cobrar por ello. Esto no podría estar más lejos de la realidad. Si algo tiene valor para ti y puedes demostrar que tiene valor para otros, merece un precio justo. Investiga cuánto están cobrando otras personas por servicios o productos similares y establece un precio que refleje la calidad y el esfuerzo que pones en tu trabajo.

Las plataformas en línea son un aliado poderoso para monetizar tus talentos y pasiones. Sitios como Etsy, Fiverr, YouTube, Patreon o redes sociales como Instagram y TikTok te permiten llegar a una audiencia amplia con intereses específicos. Por ejemplo, si te apasiona hacer artesanías, Etsy puede ser una excelente plataforma para vender tus productos. Si amas enseñar, YouTube o TikTok pueden ser el lugar perfecto para compartir tutoriales y atraer a seguidores que luego podrían convertirse en clientes.

La consistencia es esencial. Monetizar tus talentos no es algo que suceda de un día para otro. Requiere tiempo para construir una audiencia, ganar su confianza y demostrar el valor de lo que ofreces.

Publica contenido regularmente, interactúa con tu audiencia y escucha sus comentarios. Esto no solo te ayudará a mejorar, sino que también fortalecerá la conexión que tienes con las personas interesadas en tu trabajo.

Otra forma efectiva de monetizar tus pasiones es a través de colaboraciones. Busca personas o marcas que compartan intereses similares y propón trabajar juntos en proyectos que beneficien a ambos. Por ejemplo, si eres un amante del fitness y tienes una cuenta en redes sociales, podrías colaborar con marcas de ropa deportiva o productos saludables. Estas asociaciones pueden abrirte puertas y aumentar tu alcance, mientras te permiten seguir haciendo lo que amas.

Es importante no desanimarse si los resultados no son inmediatos. Monetizar un talento o una pasión a menudo requiere experimentar con diferentes enfoques. Tal vez tu primera idea no funcione como esperabas, pero eso no significa que debas rendirte. Aprende de cada intento y ajusta tu estrategia. La flexibilidad y la disposición a adaptarte son claves para encontrar el camino correcto.

Finalmente, recuerda que monetizar tus talentos y pasiones no significa que debas perder el amor por lo que haces. Mantén el equilibrio entre trabajar para generar ingresos y disfrutar del proceso creativo o del acto de compartir tu conocimiento. Si algo empieza a sentirse como una carga, toma un descanso, reevalúa tus metas y recuerda por qué empezaste en primer lugar.

Monetizar tus talentos y pasiones es una oportunidad increíble para vivir una vida más plena y auténtica. Te permite combinar tus habilidades con tus intereses y construir un negocio que refleje quién eres realmente. Puede que no sea un camino fácil, pero con dedicación, paciencia y una mentalidad abierta, puedes lograrlo. Lo mejor de todo es que, al hacerlo, no solo estarás ganando dinero, sino también viviendo una vida con propósito y pasión.

Familia y Trabajo Bajo un Mismo Techo

Trabajar desde casa mientras compartes el mismo espacio con tu familia puede ser una experiencia maravillosa, pero también presenta desafíos únicos que debes aprender a manejar. La idea de tener a tus seres queridos cerca mientras trabajas es encantadora, pero para que funcione, necesitas establecer límites claros, organizarte bien y aprender a equilibrar tus responsabilidades laborales y familiares de manera efectiva. Este capítulo está dedicado a explorar cómo lograrlo sin sacrificar la calidad del tiempo que pasas con tu familia ni la productividad en tu trabajo.

Lo primero que debes entender es que trabajar desde casa no significa estar disponible para todo en cualquier momento. Es fácil caer en la trampa de intentar resolver tareas familiares mientras estás en medio de tus obligaciones laborales. Por eso, es crucial establecer horarios claros. Define bloques de tiempo específicos para trabajar y asegúrate de que todos en casa los respeten. Por ejemplo, si decides que trabajarás de 9 a 2, comunica esto a tu familia y organiza tu espacio de manera que minimice las distracciones.

El espacio de trabajo también juega un papel importante. Si es posible, crea un área dedicada exclusivamente a tu trabajo. Puede ser una habitación separada, un rincón en la sala o incluso un escritorio en tu dormitorio. Lo importante es que sea un lugar donde puedas concentrarte y que tanto tú como tu familia entiendan que, cuando estás ahí, estás trabajando. Esto no solo te ayudará a enfocarte, sino que también enviará una señal clara a los demás de que no debes ser interrumpido, salvo en caso de emergencia.

La comunicación con tu familia es fundamental. Habla abiertamente con ellos sobre tus responsabilidades laborales y la importancia de mantener un equilibrio. Si tienes hijos pequeños, explícales en palabras simples que aunque estés en casa, hay momentos en los que necesitas enfocarte. Puedes usar señales visuales como un cartel en la puerta de tu espacio de trabajo o un objeto que indique que estás en "modo trabajo". Esto les ayudará a entender cuándo es el momento adecuado para acercarse.

Por otro lado, también es importante ser flexible y encontrar momentos para conectar con tu familia durante el día. Una de las ventajas de trabajar desde casa es que tienes la oportunidad de estar presente en la vida cotidiana de tus seres queridos. Aprovecha los descansos para compartir un café con tu pareja, jugar unos minutos con tus hijos o disfrutar de una comida juntos. Estos pequeños momentos pueden fortalecer tus relaciones y hacer que todos aprecien más tu presencia en casa.

Si compartes el espacio con niños, ten en cuenta que también tienen sus propias necesidades y rutinas. Planificar actividades que puedan hacer de forma independiente mientras trabajas puede ser una gran ayuda. Libros para colorear, juegos de mesa, o incluso sesiones de aprendizaje en línea pueden mantenerlos ocupados mientras tú cumples con tus tareas. Además, involucrarlos en ciertas tareas domésticas o enseñarles sobre tu trabajo puede ser una experiencia enriquecedora tanto para ellos como para ti.

El equilibrio entre familia y trabajo no siempre es perfecto, y habrá días en los que sientas que no puedes cumplir con todo. En esos momentos, es importante ser compasivo contigo mismo. Recuerda que estás haciendo lo mejor que puedes en una situación que no siempre es fácil. No tengas miedo de pedir ayuda si la necesitas. A veces, delegar ciertas responsabilidades, ya sea laborales o del hogar, puede marcar una gran diferencia.

Otra estrategia efectiva es planificar actividades familiares después del trabajo como una forma de desconectarte y recompensarte por un día productivo. Tal vez puedan ver una película juntos, cocinar una cena especial o simplemente salir a dar un paseo. Esto no solo te ayudará a relajarte, sino que también reforzará el vínculo con tus seres queridos.

Sin embargo, también es importante que reserves tiempo para ti. Trabajar desde casa y estar rodeado de tu familia todo el tiempo puede ser abrumador si no tienes momentos de privacidad. Ya sea leer un libro, meditar, hacer ejercicio o simplemente sentarte en silencio, asegúrate de incluir tiempo personal en tu rutina diaria. Esto te ayudará a mantenerte equilibrado y a tener la energía necesaria para afrontar tus responsabilidades.

Finalmente, es importante reconocer que trabajar desde casa en compañía de tu familia es un proceso de aprendizaje continuo. Habrá momentos en los que todo fluya perfectamente y otros en los que sientas que el caos domina. Lo importante es no rendirte. Con paciencia, organización y comunicación constante, puedes encontrar un sistema que funcione para todos.

Compartir techo con tu familia mientras trabajas es una experiencia que puede fortalecer los lazos familiares si se maneja de manera adecuada. Te da la oportunidad de ser parte activa en sus vidas mientras persigues tus metas laborales. Con los ajustes necesarios, puedes convertir este modelo de vida en uno lleno de armonía, productividad y felicidad.

Desconectar para Reconectar

Desconectar para reconectar es un concepto fundamental para quienes trabajan desde casa. Con tantas responsabilidades y la constante conexión a dispositivos electrónicos, es fácil sentirse abrumado y desconectado de lo que realmente importa. Aunque trabajar desde casa puede parecer un sueño hecho realidad, también puede convertirse en un ciclo interminable de trabajo si no estableces límites claros. En este capítulo, exploraremos por qué desconectarse es esencial y cómo hacerlo de manera efectiva para recargar energías, fortalecer tus relaciones y mejorar tu calidad de vida.

Cuando trabajas desde casa, la línea entre tu vida laboral y tu vida personal puede volverse borrosa. La tentación de revisar correos electrónicos, atender llamadas o finalizar proyectos fuera del horario laboral es grande, pero esta práctica puede agotar tu energía física y mental. Por eso, aprender a desconectarte del trabajo al final del día no es un lujo, es una necesidad. Al apagar tu computadora y guardar tus herramientas de trabajo, le das a tu mente y a tu cuerpo la señal de que es momento de descansar y recargar energías.

Desconectarse no solo significa alejarte del trabajo, también implica reducir el tiempo que pasas frente a pantallas. Las redes sociales, los correos electrónicos y las aplicaciones de mensajería pueden mantenerte en un estado constante de alerta. Esto puede afectar tu capacidad para relajarte y disfrutar del momento presente. Intenta establecer horarios específicos para usar tus dispositivos y, fuera de ese tiempo, desconéctalos o ponlos en modo silencioso. Esto te permitirá enfocarte en actividades que realmente te llenen, como leer, hacer ejercicio o pasar tiempo con tus seres queridos.

Una de las mejores formas de desconectar es salir de casa. Aunque trabajar desde casa ofrece comodidad, también puede hacer que pases demasiado tiempo en el mismo entorno. Esto puede generar monotonía y afectar tu salud mental. Sal a caminar, ve al parque, haz ejercicio al aire libre o simplemente explora tu vecindario. Cambiar de escenario puede ayudarte a despejar la mente y a obtener una perspectiva fresca. Además, pasar tiempo en la naturaleza tiene beneficios comprobados para reducir el estrés y mejorar el estado de ánimo.

Desconectarte también te da la oportunidad de reconectar con las personas que son importantes para ti. Cuando estás constantemente enfocado en el trabajo o en tus dispositivos, puedes perderte momentos valiosos con tu familia y amigos. Dedica tiempo exclusivo a tus seres queridos. Puede ser algo tan sencillo como compartir una comida sin teléfonos en la mesa, tener una conversación sincera o disfrutar de una actividad juntos. Estos momentos no solo fortalecerán tus relaciones, sino que también te recordarán por qué estás trabajando tan duro.

Reconectar no solo implica a los demás, también significa reconectar contigo mismo. Cuando te desconectas, tienes la oportunidad de reflexionar sobre tus metas, tus logros y tus sueños. Es un momento para preguntarte si estás en el camino correcto o si necesitas hacer ajustes. Puedes aprovechar este tiempo para practicar la meditación, escribir en un diario o simplemente sentarte en silencio y escuchar tus pensamientos. Estas prácticas pueden ayudarte a encontrar claridad y propósito, lo que a su vez mejorará tu enfoque cuando regreses al trabajo.

Es importante recordar que desconectar no es algo que debas hacer solo cuando te sientas agotado. Hazlo parte de tu rutina diaria o semanal. Tal vez puedas establecer una hora específica cada noche para alejarte de las pantallas, o dedicar un día completo a la semana para desconectarte por completo del trabajo. Considera esto como una inversión en tu bienestar a largo plazo. Cuanto más cuides de ti mismo, más energía y enfoque tendrás para enfrentar tus responsabilidades.

Un aspecto clave para desconectar con éxito es no sentirte culpable por hacerlo. En nuestra cultura, a menudo asociamos la productividad con estar ocupados todo el tiempo, pero este enfoque no es sostenible. Descansar y recargar energías no significa que estés siendo perezoso, significa que estás priorizando tu salud y tu capacidad para rendir al máximo. Aprende a darte permiso para desconectar sin remordimientos, sabiendo que este tiempo es esencial para tu éxito a largo plazo.

En conclusión, desconectar para reconectar es una habilidad esencial en el mundo actual, especialmente para quienes trabajan desde casa. Te permite establecer límites saludables, recargar tus energías, fortalecer tus relaciones y redescubrir lo que realmente importa. Al hacerlo, no solo mejorarás tu bienestar personal, sino que también serás más productivo y eficiente en tu trabajo. Recuerda que desconectar no es un obstáculo para tu éxito, es una parte fundamental de él.

Rompiendo el Mito del Aislamiento

Uno de los temores más comunes cuando se habla de trabajar desde casa es la idea del aislamiento. Muchas personas creen que, al no estar rodeadas de colegas en una oficina o interactuar con otros en un ambiente laboral, se sentirán solas, desconectadas del mundo o incluso deprimidas. Aunque este miedo puede tener algo de fundamento si no se toman medidas, es completamente posible trabajar desde casa sin caer en el aislamiento social. En este capítulo, vamos a explorar cómo romper este mito y asegurarte de que el trabajo desde casa sea una experiencia equilibrada y enriquecedora.

Es cierto que trabajar desde casa puede reducir la cantidad de interacciones sociales espontáneas que solías tener en una oficina, como charlas en la máquina de café o reuniones casuales. Sin embargo, esto no significa que debas vivir en una burbuja. El aislamiento no ocurre porque trabajes desde casa, sino porque no tomas medidas para mantener y construir relaciones. La clave está en ser proactivo. No esperes a que las conexiones sociales ocurran por sí solas, haz que formen parte de tu día a día.

Una de las formas más efectivas de romper el mito del aislamiento es establecer una rutina social. Esto puede incluir programar videollamadas con amigos, participar en grupos en línea relacionados con tu trabajo o tus intereses, o incluso asistir a eventos o talleres virtuales. Aunque las interacciones digitales no siempre reemplazan las presenciales, son una excelente manera de mantenerte conectado con el mundo y compartir ideas con otras personas que tienen intereses similares a los tuyos.

Además, no subestimes el poder de las conexiones locales. Trabajar desde casa no significa que debas estar atado a tu escritorio todo el tiempo. Dedica tiempo a salir y participar en actividades en tu comunidad. Esto podría ser un café semanal con amigos, unirte a una clase de yoga en un centro cercano o simplemente pasear por el parque y conversar con las personas que encuentres. Estas pequeñas interacciones pueden marcar una gran diferencia en tu percepción de conexión con los demás.

Si tienes colegas o clientes con los que trabajas regularmente, haz un esfuerzo por mantener una comunicación constante y significativa con ellos. No limites las conversaciones a temas estrictamente laborales. Tómate un momento para preguntar cómo están, interesarte por sus vidas o compartir algo sobre ti. Este tipo de conexión personal puede ayudarte a sentirte parte de un equipo, incluso si todos están trabajando desde lugares diferentes.

Otra estrategia útil es buscar espacios de trabajo compartidos o coworking en tu área. Aunque trabajas desde casa, nada te impide pasar uno o dos días a la semana en un lugar donde puedas interactuar con otros profesionales. Estos espacios suelen estar diseñados para fomentar la colaboración y la interacción, lo que puede ayudarte a romper con la rutina y encontrar nuevas perspectivas.

Romper el mito del aislamiento también requiere que reconozcas y manejes tus emociones. Es normal que, en algunos momentos, puedas sentirte solo o desconectado. En lugar de ignorar esos sentimientos, utiliza esas emociones como una señal para tomar acción. Tal vez sea el momento de llamar a un amigo, hacer una pausa para socializar o incluso considerar un cambio en tu rutina para incluir más actividades sociales.

Si tienes familia en casa, no olvides incluirlos en tu día de manera equilibrada. Aunque estás trabajando, es importante aprovechar los momentos en los que puedes interactuar con ellos. Compartir una comida, charlar durante un descanso o simplemente estar presente para un rato de calidad puede ayudarte a sentirte más conectado y menos aislado.

Por último, recuerda que el aislamiento no es exclusivo del trabajo desde casa. Muchas personas que trabajan en oficinas también pueden sentirse solas o desconectadas. La diferencia está en cómo eliges manejar tu situación. Al tomar medidas conscientes para mantener tus relaciones sociales y establecer una rutina equilibrada, puedes romper con el mito del aislamiento y disfrutar de los beneficios de trabajar desde casa sin sentirte solo.

En resumen, el aislamiento no tiene por qué ser una consecuencia inevitable del trabajo desde casa. Con planificación, acción y un poco de creatividad, puedes construir una vida social rica y satisfactoria que complemente tu estilo de trabajo remoto. Trabajar desde casa te da la libertad de crear tus propias reglas y encontrar un equilibrio que funcione para ti, tanto profesional como personalmente. No permitas que el miedo al aislamiento te detenga de disfrutar este estilo de vida. Al contrario, utilízalo como una oportunidad para redescubrir la importancia de las conexiones humanas y fortalecer tus relaciones, tanto dentro como fuera del mundo laboral.

La Vida Que Siempre Soñaste

La vida que siempre soñaste no es un concepto abstracto ni un ideal inalcanzable. Es una meta que puedes construir día a día, paso a paso, si tienes claro lo que realmente deseas y estás dispuesto a trabajar por ello. Para muchos, trabajar desde casa representa ese sueño: libertad de tiempo, la posibilidad de organizar tus días según tus prioridades y, lo más importante, el control absoluto sobre cómo vives tu vida. Pero para llegar allí, es fundamental entender qué significa para ti esa vida soñada y cómo transformarla en una realidad tangible.

Imagina despertar cada mañana sin el sonido de un despertador molesto, sin el estrés de correr para evitar el tráfico o llegar a tiempo a una oficina. En lugar de eso, tienes el lujo de comenzar tu día a tu propio ritmo. Tal vez quieras dedicar la primera hora a un desayuno tranquilo con tu familia, a una caminata relajante o a leer un libro que te inspire. Trabajar desde casa te permite diseñar un horario que no solo se adapta a tus necesidades laborales, sino también a tu bienestar personal y a tus relaciones.

El sueño de vivir como realmente quieres no significa que todo será perfecto o fácil. Sin embargo, cuando tienes el poder de decidir cómo organizas tu tiempo y energía, puedes dedicar más espacio a las cosas que realmente importan. Quizás siempre soñaste con aprender un idioma nuevo, pasar más tiempo con tus hijos o cultivar un hobby que habías dejado de lado por falta de tiempo. Trabajar desde casa no solo te da la libertad de soñar, sino también la oportunidad de actuar sobre esos sueños.

Vivir la vida que siempre quisiste también implica redefinir el éxito. Para algunas personas, el éxito está en ganar mucho dinero. Para otras, está en tener tiempo libre para disfrutarlo. ¿Qué significa el éxito para ti? Tal vez se trata de tener tiempo para llevar a tus hijos a la escuela, cocinar una comida casera o simplemente disfrutar de un día sin prisas. Trabajar desde casa te da la oportunidad de alinear tus metas profesionales con tus valores personales, algo que pocas personas logran en un entorno laboral tradicional.

Una parte importante de vivir la vida que deseas es tener un equilibrio entre el trabajo y la vida personal. Cuando trabajas desde casa, este equilibrio puede ser difícil al principio, ya que es fácil mezclar los dos mundos. Pero con disciplina y planificación, puedes encontrar un sistema que funcione para ti. La clave está en establecer límites claros. Ten un espacio definido para trabajar, un horario establecido y momentos dedicados exclusivamente a tu familia, tus amigos y, por supuesto, a ti mismo.

A menudo, el sueño de muchas personas no es solo vivir con comodidad, sino también encontrar propósito en lo que hacen. Trabajar desde casa no solo se trata de evitar el tráfico o usar ropa cómoda. Se trata de construir una carrera o un negocio que esté alineado con tus pasiones y habilidades. Este es el momento de preguntarte qué te hace realmente feliz y cómo puedes convertirlo en una fuente de ingresos. Cuando amas lo que haces, incluso los días difíciles se sienten más llevaderos, porque sabes que estás trabajando en algo que realmente importa para ti.

No se puede hablar de la vida soñada sin mencionar la libertad financiera. Ganar dinero desde casa te da la oportunidad de romper con las limitaciones de un salario fijo. Aunque al principio puede ser desafiante establecer ingresos estables, una vez que lo logras, tienes la posibilidad de escalar tus ganancias y planificar tu futuro de manera más flexible. Puedes ahorrar para viajes, invertir en tus proyectos personales o simplemente disfrutar de una vida sin preocupaciones económicas inmediatas.

Otro aspecto crucial de la vida que siempre soñaste es tener tiempo para ti. Muchas personas pasan la mayor parte de sus vidas trabajando para otros, sin dedicar tiempo a sus propios intereses o cuidado personal. Trabajar desde casa te permite priorizar actividades como hacer ejercicio, practicar la meditación o simplemente descansar cuando lo necesitas. Esta flexibilidad no solo mejora tu salud física y mental, sino que también te ayuda a ser más productivo y creativo en tu trabajo.

Vivir como siempre soñaste también significa conectar con las personas que amas. Al no estar limitado por un horario estricto o un lugar físico, puedes pasar más tiempo de calidad con tu familia y amigos. Tal vez sea cenar juntos cada noche, asistir a eventos importantes o simplemente estar presente en los momentos cotidianos que realmente importan. Estas son las cosas que al final de la vida recuerdas y valoras, y trabajar desde casa puede darte la oportunidad de estar ahí para ellas.

Finalmente, la vida que siempre soñaste no es algo que se alcanza de un día para otro. Es un viaje lleno de decisiones conscientes, pequeños pasos y ajustes continuos. Habrá días en los que te sientas desafiado, pero esos momentos también son oportunidades para crecer y reafirmar por qué elegiste este camino. Cada día que pasas construyendo esta vida es una victoria, y cada esfuerzo vale la pena cuando comienzas a ver cómo tu realidad se alinea con tus sueños.

En conclusión, vivir la vida que siempre soñaste es más que una fantasía. Es una posibilidad real si estás dispuesto a dar el salto, comprometerte con tus metas y mantener la disciplina necesaria para hacerlas realidad. Trabajar desde casa es una herramienta poderosa que puede ayudarte a alcanzar esa visión, pero el verdadero cambio comienza contigo. Define qué significa para ti una vida soñada, toma acción y no te detengas hasta que estés viviendo cada día con propósito, alegría y libertad.

www.ingramcontent.com/pod-product-compliance
Lightning Source LLC
LaVergne TN
LVHW040946150826
845672LV00002B/564

* 9 7 9 8 2 3 0 8 3 9 1 7 0 *